AF236420

GLÜCKSMAGIE

MEINES

LEBENS

Wundertütenpoet

VON

TINA HÜSCH

DIE MÖGLICHKEITEN

VON POSITIVER ENERGIE UND POESIE

Bibliografische Information der Deutschen Nationalbibliothek: Die Deutsche Nationalbibliothek verzeichnet diese Publikation in der Deutschen Nationalbibliografie; detaillierte bibliografische Daten sind im Internet über dnb.dnb.de abrufbar.

Foto: Katharina Nix

ISBN: 9783754378229

Herstellung und Verlag: BoD – Books on Demand, Norderstedt

ABOUT ME

Ich liebe den Geruch von Frühling und das Zwitschern der Vögel.

Ich mag es, wenn Backwaren richtig durchgebacken sind und ich im Hochsommer eine Kastanie aus dem letzten Herbst in meiner Tasche finde.

Für alles, was moosgrün ist, begeistere ich mich und kann stundenlang Fischen beim Schwimmen zuschauen.

Meinen Wecker stelle ich immer eine halbe Stunde früher und freue mich diebisch, wenn ich noch ein paar Minuten zum Spazierengehen in meinen Träumen habe.

Kommt der Hunger, erwacht in mir ein kleiner Tyrann, der alles dafür tut, dass ich mich nicht mehr konzentrieren kann und mit Hysterie anfange, nach Schokolade zu suchen.

Mein Kopf muss immer durch die Wand und mein Herz hat Mitleid mit jeder Kreatur auf Erden.

So lebe ich im Kunterbunt meines Seins und freue mich, wenn mir ein Regenbogen begegnet.

Komm mit und lass Dir von der Glücksmagie Deiner Seele zeigen, dass Du selbst alles erreichen kannst, wenn Du nur an Dich glaubst!

FÜR

MEINER SEELE

GLÜCK ...

Für alle,

die wissen,

dass die Verbindung zur Seele

das eigentliche Glück ist.

Für Dich,

weil Du weißt,

welche Glücksenergie von Deiner Seele ausgeht.

INHALT

EINBLICK, EINSICHT, ERKENNTNIS ...

In einem jeden von uns schläft das Glück und wartet nur darauf, geweckt zu werden. Wir alle haben die Magie des endlos ungestörten Glücklichseins im Blut und müssen nur anfangen, danach zu suchen.

Diese Magie spiegelt sich auch wider im Zauber der Natur und in jedem Lebewesen. Wenn wir das Leben mit Fröhlichkeit angehen, dann belebt diese Magie uns und strahlt nach draußen, und da unser Sein magnetisch ist, ziehen wir genau diese Fröhlichkeit auch wieder im Außen an, und dadurch erwacht das Glück.

Glück ist somit magnetisch. Je mehr man von den Dingen tut, die dem eigenen Wesen und Charakter entsprechen, umso mehr erwacht die Selbstsicherheit und Ausgeglichenheit in uns.

Wir fühlen uns wohler, und das strahlen wir aus. Dadurch ziehen wir noch mehr Schönes an, und das Glück und die Zufriedenheit halten Einzug in unser Leben.

Doch wie soll man Fröhlichkeit ausstrahlen, wenn einem im Moment gar nicht nach Frohsinn zu Mute ist, da das Leben gerade eine dunkle Phase durchmacht?

Denn wahres Glück kann ja nur dort gefunden werden, wo der Schmerz ausbleibt ...

Stimmt das?

Nein, denn wir leben hier auf der Erde, und das bedeutet, wir sind als Lebewesen hier, um die Unvollkommenheit kennenzulernen. Das haben wir uns selbst so ausgesucht und aus diesem Grunde werden Schmerz und Traurigkeit ständige Begleiter des Erdenlebens sein.

Es kommt nur immer darauf an, wie wir mit den „Sorgen und Problemen" umgehen und welche Macht man ihnen über das eigene Leben zukommen lässt. Am besten ist es, wenn man Schmerz und Traurigkeit nie einlädt, zu einem Dauergast zu werden, und immer dann, wenn sie auftauchen, versucht, nach schönen Dingen Ausschau zu halten.

Zum Beispiel nach schönen bevorstehenden Ereignissen, die einem die Zukunft bringen mag.

Es ist wichtig, sich ein schönes zukünftiges Ereignis vorzustellen und das positive Gefühl, das dabei entsteht, festzuhalten und abzuspeichern.

Einmal abgespeichert, kann man dieses Gefühl immer und immer wieder abrufen und so größer und größer werden lassen.

Durch diese positiven Schwingungen schaffen wir es dann auch, genau diese Vorstellung in unser Leben zu ziehen und sie Wirklichkeit werden zu lassen.

Glück ist für uns ein Zustand des positiven Gefühls, das alles Negative verdrängt und für große Zufriedenheit sorgt.

Damit sind auch unsere zwischenmenschlichen Verbindungen gemeint, die unserem Leben seine Qualität geben und mit deren Hilfe man es besser schafft, die sich selbst gesetzten Ziele zu erreichen.

In diesem Zusammenhang sollte auch darüber nachgedacht werden, wie man mit verschiedenen Lebenssituationen umgeht und welche Rolle die Resilienz im Leben spielt.

Denn je mehr man es schafft, die eigene Resilienz auszubauen, umso größer werden unsere Glückserfolge werden.

Fang an, dankbar für all das zu sein, was Du hast. Führ Dir vor Augen, wie viel Glück bereits in Deinem Leben wohnt, und versuch Dich unbedingt von einem zu befreien: Es ist das Jammern!

Ich kann immer nur wiederholen, jammern ist wie Gas geben im Leerlauf, man kommt nicht nur nicht vom Fleck, sondern macht außerdem noch einen Höllenlärm um nichts, und es gibt niemanden, wirklich niemanden auf dieser schönen Welt, der es hören möchte.

Hör aus diesem Grund nicht nur selbst auf zu jammern, sondern umgib Dich mit Menschen, die positiv denken und handeln, denn so wirst Du um Dich ein durch und durch positives Feld aufbauen.

Trau Dich auch, ein deutliches NEIN zu sagen, wenn Du kein JA sagen möchtest.

Lern auf Deine Seele zu hören und nicht so zu entscheiden, wie man es eventuell von Dir erwarten würde, sondern so, wie es für Deine Seele am besten ist.

Ernähre Deinen Körper bewusst und treibe ein wenig Sport.

Dein Körper ist die Wohnung Deiner Seele, aus diesem Grund versuch ihn gut zu erhalten, damit Deine Seele sich darin wohlfühlen kann, denn auch das trägt zum Glück bei.

Für Körper, Geist und Seele ist es unerlässlich, viel Zeit in der Natur und in der Stille mit sich selbst zu verbringen.

Solltest Du zu den Menschen gehören, die nicht täglich 15 Minuten die frische Luft in der Natur genießen können, musst Du diese Zeit unbedingt auf eine Stunde erhöhen, damit Du dauerhaft gesund bleibst und das Glück Einzug halten kann.

Genau, richtig gelesen. Wem 15 Minuten täglich fehlen, der braucht eine Stunde.

Die Glücksmagie ist kein wirklicher Zauber, sondern vielmehr eine Lebenseinstellung. So kann sie einfach von unserem Ego aktiviert werden, wenn wir es schaffen, unser Sein dafür in die richtige Stimmung zu versetzen und die Sichtweise bei Laune zu halten.

Positiv sein ist hierbei der erste Schritt, doch der zweite, der unweigerlich immer auf den ersten Schritt folgt, bedeutet, auch positiv zu bleiben und sich vom Leben nicht verwackeln zu lassen, auch wenn es einmal grau um einen herum wird.

Wir alle brauchen hier kleine Tricks, die uns bei Laune halten und das Glück in uns kitzeln, bis es wieder mit uns lacht.

Meine persönlichen Lieblingstricks sind:

– *Laut Lieblingsmusik zu hören und dabei zu tanzen*

– *In der Natur spazieren zu gehen und tiefe Atemmeditationen zu machen*

– *An glückliche Ereignisse in der Vergangenheit zu denken und dieses Gefühl im Inneren ganz groß werden zu lassen*

– *Sich die Wünsche der Zukunft schon erfüllt vorzustellen und das damit verbundene Glücksgefühl im ganzen Körper aufzudrehen*

– *Kleine Belohnungsinseln in den Tag einzubauen: z. B. eine Tasse Tee oder ein Stück Schokolade*

– *Eine Runde Badewanne*

Jeder hat hier seine ganz eigenen kleinen Glücksinseln, und erlaubt ist alles, was glücklich macht und keinem schadet.

So beleben wir unser eigenes Sein mit **Frohsinnsenergie** und schaffen das auszustrahlen, was wir im Leben auch anziehen wollen.

F – aszinierend

R – eflektierend

O – ptimist

H – erzenslust

S – ein

I – deen

N – euanfang

N – euland

S – chöngeist

E – nergie

N – eugier

E – einfühlend

R – esilienz

G – edankenwelt

I – nnenwelt

E – igenregie

Wenn man **faszinierend** und **reflektierend** als **Optimist** mit **Herzenslust** das eigene **Sein** betrachtet, werden in einem immer wieder **Ideen** für einen **Neuanfang** im **Neuland** der Möglichkeiten entstehen. So lebt der **Schöngeist** durch die **Energie** der **Neugier** auf und kümmert sich **einfühlend** um die **Resilienz** der **Gedankenwelt** der eigenen **Innenwelt**, um so durch **Eigenregie** das Glück ins Leben zu ziehen.

Glaub immer an die Macht Deiner eigenen Gedanken und an die Magie Deines Unterbewusstseins, so wirst Du das spüren, was man den Zauber des Lebens nennt.

GLÜCKSMAGIE

Die Glücksmagie meines Lebens
schläft in mir
und ich in ihr.
Zusammen sind wir
zum Glücklichsein hier.
Die Magie des Glücks
ist kein Kunststück.
Sie wohnt in unsrer Seele drinnen
und sorgt für ein immerwährendes Gelingen.
Unsere Lebensenergie muss nur im Positiven schwingen,
dann wird das dem Leben viel Schönes bringen.
Unsere Seele beginnt zu singen,
denn mit dem Zauber des Lebens wird uns alles gelingen.
Drum glaube an die magische Kraft deiner Gedanken,
dann kommst du im Leben nicht mehr ins Wanken.

Bist Du einmal auf diese wundervolle Welt der positiven Gedanken eingestellt, wirst Du feststellen, dass alles in Deinem Leben viel leichter läuft und sich Deine von Dir selbst gesetzten Ziele erreichen lassen.

BLEIB IMMER POSITIV GESTIMMT, DANN KOMMT DAS GLÜCK BESTIMMT. SCHAU IMMER VOLL POSITIVER ERWARTUNGEN NACH VORN, DANN FÜHLST DU DICH JEDEN TAG WIE NEU GEBORN.

ERSTER STREICH ...

Die **Magie des Lebens** ist **Positiv sein**, denn darin liegt **Deine Kraft**, es ist eine **Magische Kraft**, die mit **Wahrheit, Klarheit, Energie** Deine **Lebenssonne** strahlen lässt und so Deine **Selbstliebe** aktiviert.

So wird im **Feld der Möglichkeiten** im **Bewusstsein meiner Seele** die **Energie der Kraft** ausreichen, damit es nie mehr heißt:

Ein Fehler ist aufgetreten.

MAGIE DES LEBENS

Die Natur ist Magie pur,
in ihr und an ihr kannst du dich aufladen,
dich vor Sorgen bewahren,
dir Leid ersparen.
Ich hoffe,
darüber bist du dir im Klaren?
So kommst du mit den Jahren
in deine eigene Wunderwelt,
in der sich alles für dich erhellt,
denn schließlich hast du es so bestellt,
und das alles ohne Geld,
auf dass die Magie niemals zerfällt!

POSITIV SEIN

Wenn ich positiv bin,
kommt so viel Schönes in meinen Sinn
und wird mir zum Gewinn,
so tief in mir drin.
Wenn du positiv denkst,
wird´s auch positiv sein,
denn Positivität lässt nichts anderes rein.

DEINE KRAFT

Komm, steh wieder auf,
nimm den Jammer nicht in Kauf,
nur so kommst du wieder gut drauf.
Stell dich gerade auf,
es ist noch lange nicht aus,
du musst aus der Trübsal raus.
Schenk dir die eigene Kraft,
mit der du alles schaffst.
So wird es dir gelingen
und deine Lebensgeister hören auf zu spinnen.

MAGISCHE KRAFT

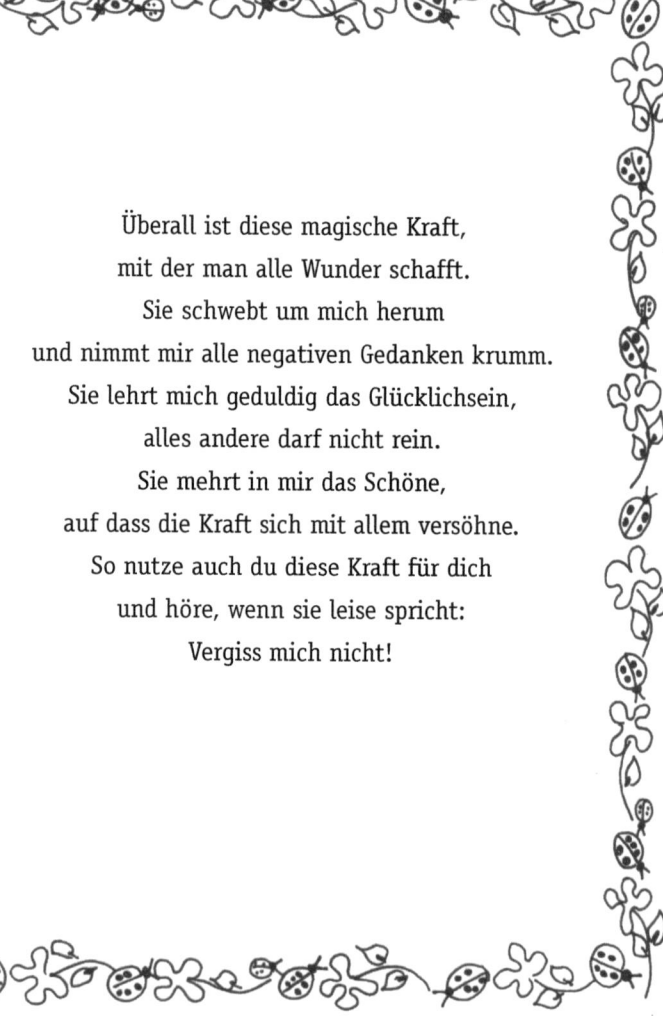

Überall ist diese magische Kraft,
mit der man alle Wunder schafft.
Sie schwebt um mich herum
und nimmt mir alle negativen Gedanken krumm.
Sie lehrt mich geduldig das Glücklichsein,
alles andere darf nicht rein.
Sie mehrt in mir das Schöne,
auf dass die Kraft sich mit allem versöhne.
So nutze auch du diese Kraft für dich
und höre, wenn sie leise spricht:
Vergiss mich nicht!

WAHRHEIT, KLARHEIT, ENERGIE

Strahlende Kräfte bringen dir Wahrheit,
strahlende Kräfte bringen dir Klarheit,
strahlende Kräfte wecken deine Energie
und es geht dir so gut wie nie!
Deshalb nutze SIE!

LEBENSSONNE

Die Sonne strahlt und gibt dir Kraft,
ohne sie hättest du es nie so weit geschafft.
Drum halte kurz inne
und beginn mit Dankbarkeit
auf dein Leben zu blicken,
so fühlst du dich
im hellen leuchtenden Sonnenschein
ganz bei dir daheim
und genauso soll es sein!

SELBSTLIEBE

Lieb dich, wie du bist,
damit du deine Seele nicht vergisst.
Schau dir in die Augen
und beginn zu staunen:
In dir liegt das Raunen,
du musst dir nur vertrauen,
dann kannst du auf dich bauen.

FELD DER
MÖGLICHKEITEN

Um dich herum erstreckt sich das Feld der Möglichkeiten.
So kann es in deinem Leben alles geben,
du musst deine Lebensfäden nur weben,
dann beginnen sie zu schweben.
Erkenne, dass alles möglich ist,
wenn du selbst deine Chancen nicht vergisst,
fang an, sie freizulassen,
nur dann kannst du nix verpassen
und dir immer eine Tür auflassen.
Es ist so einfach,
man kann es nur manchmal nicht fassen,
also nimm das Leben gelassen.

BEWUSSTSEIN MEINER SEELE

Ich habe ein Bewusstsein,
das in mir schläft,
eins, das in mir wacht,
und eins, das auf mich aufpasst.
So bin ich nie allein und in mir daheim.
Kann mich mit mir selbst besprechen,
meine eignen Regeln brechen,
mir ein off´nes Ohr leihen
und alle kleinen Macken verzeihen.
Kann mir mein Leben schön gestalten
und mich in mir selbst verwalten.
So kann ich meine Ziele erreichen,
allen Hindernissen ausweichen
und des Lebens Preis mit einem Lächeln begleichen.

ENERGIE DER KRAFT

Ich mag sie, die geheimen Kräfte,
da sie mir das Schöne bringen,
so kann mir alles schnell gelingen.
Sie sind überall versteckt,
doch niemals wirklich ganz verdeckt.
Du findest sie im Lachen,
in der Sonne Sonnenstrahl,
in des Himmels weitem Tal.
Musst nur lernen, sie zu spüren,
dann werden sie deine Seele berühren
und dich zu neuen Wundern führen.

EIN FEHLER IST
AUFGETRETEN

Ein Fehler ist aufgetreten,
bitte versuch es erneut,
damit du am Ende nichts bereust.
Beobachte dein Sein,
dann kommst du wieder in dein Leben rein.
So kannst du einen Neustart wagen
und musst nichts mehr ertragen.
Alle Möglichkeiten liegen vor dir,
nutze sie, dafür bist du hier.

35

ERKENNTNISSE DES ERSTEN STREICHS ...

WIE fühlt sich die magische Kraft Deiner Lebensenergie an?
Dieses positive Sein, mit dem man alles schafft?
Beschreib Dein Gefühl vom Glücklichsein, dann kommt nur noch Freude
in Dein Leben rein.

. . . .
. . . .
. . . .
. . . .
. . . .
. . . .
. . . .
. . . .
. . . .
. . . .
. . . .
. . . .
. . . .
. . . .
. . . .
. . . .
. . . .
. . . .
. . . .

. . . .
. . . .
. . . .
. . . .
. . . .
. . . .
. . . .
. . . .
. . . .
. . . .
. . . .
. . . .
. . . .
. . . .
. . . .
. . . .
. . . .
. . . .
. . . .
. . . .
. . . .
. . . .
. . . .
. . . .

ZWEITER STREICH ...

Wenn Du erst die Magie der Positivität erkannt hast, wird Dich die magische Kraft Deiner Seele im Feld der Möglichkeiten nur noch Glück finden lassen.

KOMM UND ERKENNE DIE MAGIE DER KRAFT, MIT DER MAN ALLE WUNDER ERSCHAFFT.

Das **Seelensein** im **Weltenschein** braucht keine **Mäusezähne,** es will im **Moment des Lebens** mit der **Magie der Sonne**
Mein Luftschloss bauen.

Meine **Lebensmitte** will **Hallo, Abenteuer** sagen und
Dem Negativen die Tour versauen.

So kann ich mit der Energie meiner **Ausstrahlung** genug **Atemluft** tanken, um **Auf Kurs** zu bleiben.

SEELENSEIN

Alles hat seine Ausstrahlung,
ein jedes Ding hat seine Macht,
es kommt nur drauf an,
wer darüber wacht,
also pass auf die Magie deines Lebens acht.
Überdenke alles mit Bedacht,
dann fügt es sich leise und sacht
zu deinem besten Seelensein
und du bist in dir daheim.

WELTENSCHEIN

Die Welt ist groß,
die Welt ist famos,
in ihr ist viel los,
es ist grandios.
Komm und lass uns glücklich sein
in diesem frohen Weltenschein,
dann ist keiner mehr allein
und alle werden fröhlich sein.

MÄUSEZÄHNE

Sieh die Wunder in den kleinen Dingen,
dann wird es dir im Großen auch gelingen.
Freu dich über Mäusezähne,
denn die hat das Leben gerne.
Mit ihnen kannst du die schönsten Lebensmuster gestalten
und jeden Plan verwalten,
um das Leben zu erhalten.

43

MOMENT DES LEBENS

Egal wo du bist,
wenn du dein Leben nicht vergisst,
wird es gut
durch dein Herzblut.
Liebe und lebe den Moment mitten in deinem Leben,
so wirst du ihm alle Chancen geben.

MAGIE DER SONNE

Die Strahlen der Sonne sind verzaubert,
ihre Wärme ist Magie
für des Lebens großes Wie!
Will mit Sonne mich betanken,
so komm ich nicht mehr ins Wanken,
will mich an der Sonne wärmen
und endlos viel von ihr schwärmen.
So ist meines Lebens Sonnenaufgang rot-orange,
weil's nur die Sonne kann
mit Liebe einhüllen und ganz ausfüllen.

45

MEIN LUFTSCHLOSS

In meinem Luftschloss bin ich Prinzessin
und kann die Welt mit anderen Augen sehen,
so werden meine Träume nie vergehen.
Ich rette meine Welt mit den Wundern in mir,
denn dafür sind die Wünsche hier.
Ich sehe die Wolken und die Berge,
schmeck die Sterne und das Meer,
das freut meine Seele sehr.
So kann ich mein Sein im Luftschloss hüten,
voll von herrlichen Gefühlen.

LEBENSMITTE

Mein Herz ist eine Festung,
die Mauern sind aus Liebe gemacht,
so schlägt es ganz sacht,
ist jede Nacht wach,
beschützt mein Sein,
lässt nur Engel,
keine Teufel rein,
so soll es in des Lebens Mitte sein.

HALLO, ABENTEUER

Guten Morgen, ihr Abenteuer,
ich bin für euch bereit,
denn jetzt kommt unsere Zeit,
das Wunderland ist nicht mehr weit.
Ich heb es auf in meiner Hosentasche,
auf dass ich kein Wunder je verpasse.
Lasst uns nun gehen nach Irgendwo
im Nirgendwo,
so kommen wir an,
irgendwann,
wenn uns jeder Wunsch gelang.
Kommt, ihr Abenteuer, wir fangen an,
dann sind wir ab jetzt für immer dran
und nicht erst irgendwann.

DEM NEGATIVEN DIE TOUR VERSAUEN

Pflanze mehr Ideen in dein Leben,
pflücke mehr der Nettigkeiten,
so wird mehr Frohsinn übrigbleiben.
Angle nach ein paar Komplimenten,
dann kannst du viel Böses abwenden.
Säe ein paar schöne Worte,
dann bekommt das Leben eine Borte.
Schaue, was du alles kannst,
wenn du dich nur traust
und allem Negativen die Tour versaust.

AUSSTRAHLUNG

Alles, was du denkst, strahlst du auch aus,
so kommt alles aus dir raus
und spiegelt sich in deinem Leben,
um dein Sein zu weben.
Strahlst du schön, ziehst du´s auch an,
so wird das Gute in dir leben
und das Schlechte sich ergeben.
Denn solltest du keine schönen Lieder singen,
sondern Trübsal blasend sitzen,
kommt das Negative durch die Ritzen
und du kommst ins Schwitzen.
Bleib lieber positiv in deiner Mitte,
mach es zu deiner großen Bitte:
Alles Schöne zu erkennen,
dich nicht in Negativitäten zu verrennen,
dann wird dein Leben ein Gedicht,
was durch Freude mit dir spricht.

ATEMLUFT

Es ist die Luft,
die wir uns alle teilen,
sie wird in unseren Lungen nur kurz verweilen,
schreibt unsichtbar des Lebens Zeilen,
so macht sie uns alle gleich
und unsere Seelen reich.
Atme weich
tief ein und aus
und dann tu alles,
was du dich traust.

AUF KURS

Auch im Regen hab ich klare Sicht,
da die Magie des Lebens mit mir spricht.
Selbst wenn mein Boot untergeht
und ich gar nichts mehr versteh,
hab ich blind noch meinen Kurs,
weil meine Seele mir den Weg zuruft.

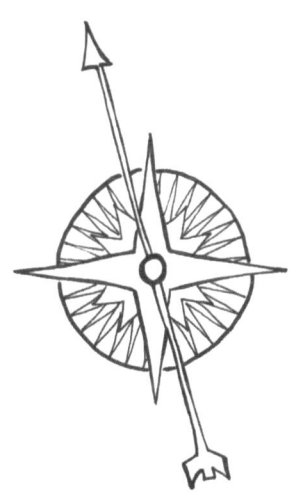

ERKENNTNISSE DES ZWEITEN STREICHS ...

NACH welchen Abenteuern sucht Deine Seele hier auf dieser schönen Welt? Bring Dein Leben auf Kurs und schreib hier die Abenteuer auf, nach denen Deine Seele ruft.

. . . .
. . . .
. . . .
. . . .
. . . .
. . . .
. . . .
. . . .
. . . .
. . . .
. . . .
. . . .
. . . .
. . . .
. . . .
. . . .
. . . .
. . . .
. . . .

. . . .
. . . .
. . . .
. . . .
. . . .
. . . .
. . . .
. . . .
. . . .
. . . .
. . . .
. . . .
. . . .
. . . .
. . . .
. . . .
. . . .
. . . .
. . . .
. . . .
. . . .
. . . .
. . . .

55

56

DRITTER STREICH ...

Wenn das Luftschloss Deiner Ausstrahlung erst steht, wirst Du für jedes Abenteuer Deines Lebens bereit sein und erkennen, dass Dein Kurs auf Glück ausgerichtet ist.

KOMM UND SEI BEREIT, FÜR DAS ABENTEUER DES GLÜCKS IST'S GENAU DIE RICHTIGE ZEIT.

Schau nur ... wie **Die Wende in dir** den **Spiegel der Welt Strahlend leuchten** lässt, wenn Dein **Pirat** Deinem **Recyclingwerk** die **Hauptrolle des Herzens** übergibt.

So wird in **Des Lebens Irgendwo** der **Genuss des Lebens** aus **Herbstlaub Lebensglitzer** machen und wir erkennen,
Das Beste, was wir haben, sind wir.

SCHAU NUR ...

Schau nur, dieses Himmelblau,
diese Weite, diese Kraft,
dieses Licht und diese Wärme.
Was hab ich dieses Blau so gerne!
Wenn es so unendlich weit scheint,
ist es tief mit mir vereint.
So ist das Blau meine Hoffnung und meine Kraft,
mit der ich alles schaff.

DIE WENDE IN DIR

Die Kraft deiner Ausstrahlung
ist das Geheimnis deines Lebens.
Du strahlst und ziehst an,
du ziehst an und strahlst aus,
alles kommt aus dir heraus.
Du bist der Anfang und das Ende
und mittendrin bist du die Wende.
Nutze diese Chance in dir,
so wirst du zu deines Lebens Zier.

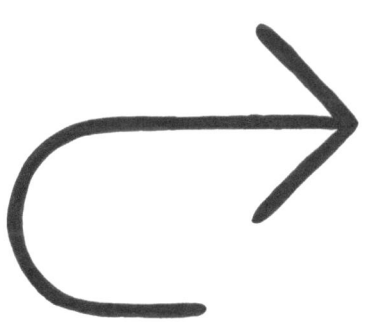

SPIEGEL DER WELT

Der Widerstand liegt tief in dir
und schläft im Verborgenen,
das ich nicht kenn.
Doch trotzdem zieht es mich an,
weil ich nicht anders kann,
ist es doch ein Spiegel für mein Sein
und nur durch dich
komm ich da rein.
Das ist meine Möglichkeit
die Dinge zu erkennen,
um mich nicht endlos in der Unmöglichkeit zu verrennen,
so lern ich mich durch dich endlich selbst kennen.

STRAHLEND LEUCHTEN

Der Zauber des Seins
bringt mich zum Leuchten
und dadurch strahl ich auch,
weil ich es zum Atmen brauch,
so kommt mein Sein in die Welt hinein.
Ich fühl mich so unendlich leicht,
meine Seele ist auf Frohsinn geeicht
und macht mein Leben durch Lachen reich.

PIRAT

Ich bin ganz ohne Meer
oder Schiff ein Pirat.
Befinde mich auf Kaperfahrt
und hab mir keinen Kampf erspart,
hab immer mein Glücksschwert parat
für meinen bunten Seelensalat.
Bin so überall zu Haus und schaue lachend ins Leben hinaus.

63

RECYCLINGWERK

Mein Kopf ist ein Recyclingwerk,
in dem ich alles hübsch verberg.
Denn vor meinem Ideenberg
fühlt sich mancher wie ein Zwerg,
wenn ich meine Phantasie stärk,
für mein nächstes Wunderwerk.

HAUPTROLLE DES HERZENS

Auch wenn es mal schlecht geht,
brauchst du das Herz am rechten Fleck,
damit du wieder an Höhe gewinnen kannst.
So lernt dein Herz das Fliegen
und lässt sich nicht mehr unterkriegen.
So kann dein Herz lachen
und verrückte Sachen machen.
Du musst nur erwachen,
deinem Herzen die Hauptrolle geben
und es lehren zu leben.

DES LEBENS IRGENDWO

Überall sind strahlende Kräfte,
sie wünschen für mich das Beste,
gestalten bunt mein Leben,
wollen mir unendlich Freude geben.
So bin ich dankbar und freudenfroh,
mitten in des Lebens Irgendwo.

66

GENUSS DES LEBENS

Freude an und Trauer aus,
komm wieder aus dem Schneckenhaus,
das Leben ist noch lang nicht aus,
du musst einfach wieder raus.
Genieße dein Leben,
bejuble dein Sein
und fühle dich in dir daheim.

HERBSTLAUB

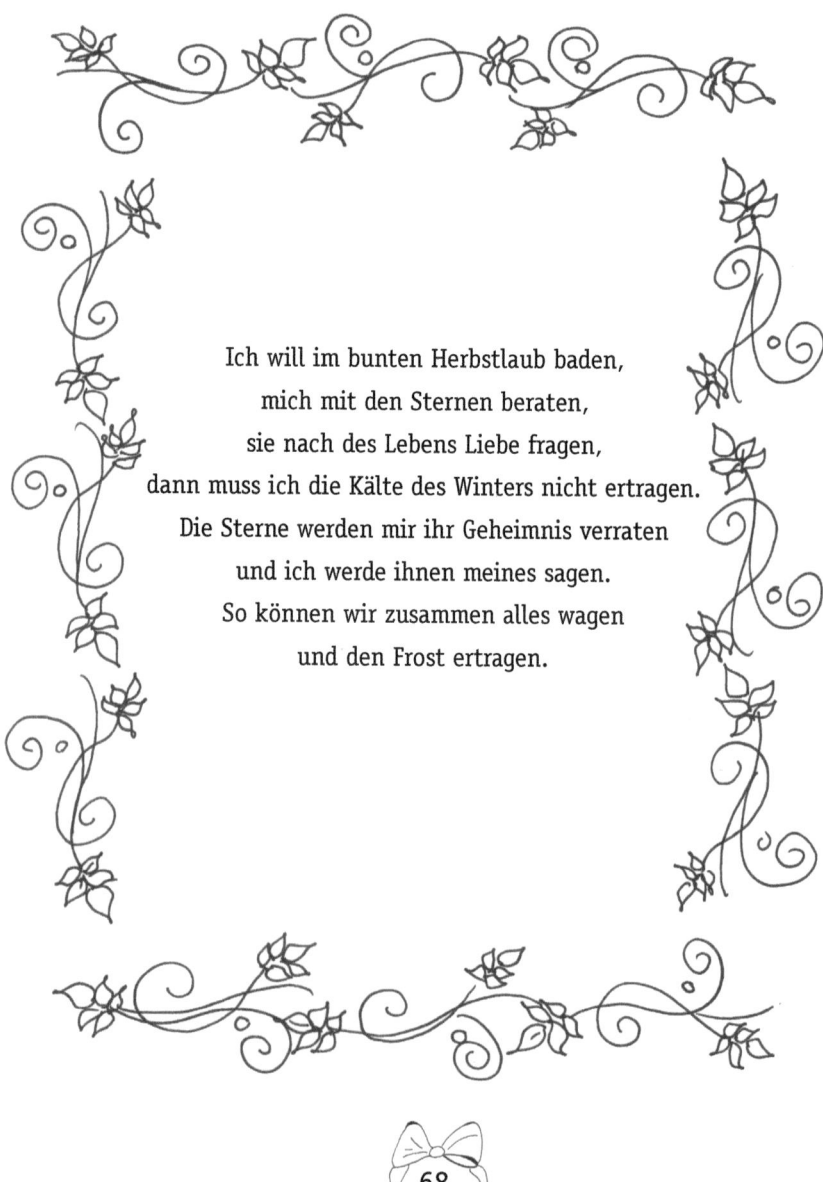

Ich will im bunten Herbstlaub baden,
mich mit den Sternen beraten,
sie nach des Lebens Liebe fragen,
dann muss ich die Kälte des Winters nicht ertragen.
Die Sterne werden mir ihr Geheimnis verraten
und ich werde ihnen meines sagen.
So können wir zusammen alles wagen
und den Frost ertragen.

LEBENSGLITZER

Jede Sekunde zählt,
atme ganz tief ein,
so kannst du glücklich bei dir sein.
Trinke mehr Wasser anstatt Wein,
dann kommt nicht so viel Unsinn rein.
Genieße den Glitzer in dir drin,
er gibt allem seinen Sinn,
so wird jeder Tag für dich ein Gewinn
für den schönsten Lebenssinn.

70

Das beste, was wir haben

Was ist ein Leben, wenn man es nicht lebt
und sich nur im Kreise dreht?
Das Beste, was wir haben, das sind wir,
zum Lachen sind wir hier.
Für das weite Himmelblau,
nicht für das tiefe Alltagsgrau,
ich weiß es genau.
So sei auch du schlau,
vertrau deinem Bauch,
spüre des Lebens Hauch,
dann erkennst du es auch:
Das, was man das Lebenswunder nennt,
wenn man nicht sein Sein verpennt!

ERKENNTNISSE DES DRITTEN STREICHS ...

DAS Beste in Deinem Leben, das bist Du, denn das Leben vergeht im Nu.
Erkenne die eigene Wichtigkeit, damit die Freude in Dir bleibt.
Schreibe alles, was Dir wichtig ist, hier nieder, dann kehrt der Lebensglitzer
wieder.

. . . .

. . . .

. . . .

. . . .

. . . .

. . . .

. . . .

. . . .

. . . .

. . . .

. . . .

. . . .

. . . .

. . . .

. . . .

. . . .

74

VIERTER STREICH ...

Die Wende in Dir wird zum Spiegel der Welt, denn jetzt hast Du erkannt, dass der Lebensglitzer allein in Dir liegt, so kannst Du die Wunder des Lebens überall entstehen lassen.

Denn Deine Seele ist das Beste, was Du hast.

GENIESSE DIE HAUPTROLLE DEINES HERZENS, FANG AN, ÜBER DES LEBENS WITZE ZU SCHERZEN, SO KOMMEN HIER NOCH EIN PAAR ENERGIE-MAGIE-GEDICHTE FÜR DICH, AUS DENEN DAS GLÜCK SPRICHT.

Wenn der Regen einen Bogen macht, trifft die **Zufriedenheitswolke** auf den **Sommerregen** und die **Ideenwunder** werden zum **Freudenfeuer.**

So kannst Du die **Schönheit dieser Welt** erkennen und **Alles wird gut,** der **James Bond** in Dir wird mit **Liebe pur Dankbar sein.**

Ich glaube ... an die Magie meiner Seele!

WENN DER REGEN EINEN BOGEN MACHT

Wenn der Regen einen Bogen macht,
erwacht für dich ein Kunterbunt
und es wird in deiner Seele rund.
Lass das Schöne Tango tanzen,
lass den Ärger ganz ausziehen,
so wird alles Schwere fliehen.
Schaue sanft den Regenbogen,
lass des Lebens Stürme toben,
so kannst du deine Hoffnung loben,
denn das Schöne kommt von oben.
Vertraue diesem Kunterbunt,
dann ist´s immer in deiner Seele rund.

ZUFRIEDENHEITSWOLKE

Mit Zufriedenheit kannst du auf Wolke sieben sitzen
und die schönsten Träume schnitzen.
Es ist das Glück, was in dir brennt
und alle Freuden beim Namen nennt.
Es liegt an dir, die Wolke sieben nie mehr zu verlassen,
du musst nur die Traurigkeit gehen lassen.
Drum nutze diesen Trick,
dann macht es klick
und du bist auf Wolke sieben zu Haus,
wo alle Schwermut nimmt Reißaus.

SOMMERREGEN

Ich spüre mein Leben,
so will ich tanzen im Sommerregen
meinen Wundern entgegen.
Fühle meine Verbundenheit im Hier und Jetzt
mit der Ewigkeit
und hab noch viel Zeit.
Bin so für meine Wünsche bereit
und öffne meine Arme weit
für die Unendlichkeit der Zeit.

IDEENWUNDER

Erst sind Wunder nur Ideen im Kopf,
bevor es sie in die Wirklichkeit lockt,
purzeln sie fröhlich durch meinen Sinn,
bevor sie in der Realität werden mein Gewinn.
So entstehen die Wunder in meinem Kopf,
es ist mein Schopf, der sie erweckt,
hätte ich das vorher bloß entdeckt,
dann hätte ich sie viel früher geweckt!

FREUDENFEUER

Es gib sie, die strahlenden Kräfte,
sie wollen nur das BESTE:
Dich nach vorne bringen
und fröhliche Lieder mit dir singen.
Die Welt mit dir erobern,
im Freudenfeuer lodern,
so kommen die schönsten Tage,
hör auf das, was ich dir sage,
und frage nach der Kraft der Energie,
denn wenn du danach suchst,
du im Leben nicht mehr fluchst.
Vergiss sie nie, die Kraft der Energie,
dass das Feuer in dir lodert
und dich ständig neue Ideen erobern.

SCHÖNHEIT DIESER WELT

Die Zeit tickt,
viele spielen verrückt,
nur ich bin verzückt
von der Schönheit dieser Welt,
mach sie, wie sie mir gefällt,
hab´s in meinem Wunschtraum so für mich bestellt
und mir meine Welt erhellt,
auf dass sie mir zu Füßen fällt.

ALLES WIRD GUT

Es geht nie vorbei,
vorher ging die Welt entzwei,
in dir liegt die Kraft für drei,
also erreiche auch den Mut,
dann wird alles wieder gut.

 JAMES BOND

Was du wagst,
was du sagst,
bestimmt dein Sein
und kommt so in dein Leben rein.
Drum lass keine Chance an dir vorüberziehen,
führe dein Leben ganz gekonnt,
sei dein eigener James Bond.
Riskier was für dein Ideal,
so kann dich der Kummer allemal
und alles wird genial.

LIEBE PUR

Auch wenn es sich so anfühlt,
du bist nicht zerbrechlich,
sondern unendlich stark.
Wecke deinen Mut,
dann wird alles wieder gut.
Lass dir helfen von der Natur,
denn sie ist Liebe pur,
sei nicht länger stur,
mach ´ne Tour durch die endlos vielen Möglichkeiten,
so kannst du jedes Ziel erreichen,
du musst nur lernen, den Hindernissen auszuweichen.

DANKBAR SEIN

Wenn ich abends einschlaf,
ich mein Sein frag,
wofür ich heute dankbar sein darf.
Dann erscheint ein schönes Gefühl,
was mich ausfüllt
und mit Fröhlichkeit umhüllt.
So spür ich meiner Seele Kraft,
mit ihr hab ich schon so viel geschafft.
Nehm meine Wünsche mit in die Nacht,
auf dass das Universum sie bewacht
und morgen früh ein Wunsch erwacht,
der dann in mein Leben purzelt rein,
um bei mir daheim zu sein!

ICH GLAUBE ...

Ich glaube an ein Kunterbunt,
an ein Lachen und gegenseitig glücklich machen.
Ich glaube an den großen Sinn
mitten in meinem Leben drin.
Ich glaube an die Ewigkeit
und die Unendlichkeit der Zeit.
Ich glaube an die Freude in meinem Herzen
und ein Kontingent von wilden Scherzen.
Ich glaube an die Freiheit meiner Gedanken,
denn so bringt mich im Leben nichts ins Wanken.

ERKENNTNISSE DES VIERTEN STREICHS ...

JETZT, wo Du weißt, dass die Schönheit der Welt in Dir wohnt und von Deiner Seele ausgeht, kannst Du mit Hilfe Deiner Seele ein Freudenfeuer in der Welt entfachen.

Schreibe hier auf, welche Ideenwunder Du zur Wirklichkeit werden lassen willst, auf dass Du die Sehnsucht in Dir stillst.

. . . .

. . . .

. . . .

. . . .

. . . .

. . . .

. . . .

. . . .

. . . .

. . . .

. . . .

. . . .

. . . .

. . . .

. . . .

. . . .

. . . .

SCHLUSSHOFFNUNG

Ich hoffe,
dass Du den Zauber des Glücks
in Deinem Leben wecken konntest
und dass die Fröhlichkeit von jetzt an
tief in Deinem Herzen wohnt.
Ich wünsche mir,
dass Du erkannt hast,
welche Energiemagie von Deinen Gedanken ausgeht,
und dass Deine Vorstellungskraft jetzt weiß,
wie man wahre Wunder erschafft.
Höre auf die Stimme Deiner Seele,
mit ihrer Hilfe kannst Du im Leben alles vollbringen.
Bis bald,
dort, wo die Kraft Deiner Lebensenergie Wunder
entfacht.

Wundertütenpoet

Besuche mich auf

www.wundertuetenpoet.de